Roland

Thomas Hellman

CHANTE

ROLAND GIGUÈRE

 l'Hexagone

Une société de Québecor Média

Face 1, No 4

ROLAND GIGUERE

Né à Montréal, en 1929. Typogr
graveur et éditeur. Il a publi
à tirage limité et hors-commerc
d'Albert Dumouchel, de Conrad e
avant de faire paraître LES ARM
Ce recueil, accompagné de dess

LONG FLEUVE INTRANQUILLE

À la campagne depuis trois semaines, moi l'urbaine, moi que la nature effraie davantage encore que les hommes et même les moins doux, je relis la poésie de Roland Giguère.

Les rives, les îles, les plaines, la glace, le roc, la glaise et tous les paysages qu'il écrit me semblent fragiles et millénaires, vierges et peuplés de fantômes.

Je ne vois plus le lac de la même manière.

C'est l'épiphanie des signes.

Je me demande : les mots, entre les mains du poète, sont-ils transformés ou bien rétablis, retrouvant leur juste forme ?

Ces mots projettent des ombres étranges, tracent des contours, déploient des rubans somptueux et déchirés, répètent leur couleur jusqu'à la rendre visible, saturée, obsédante.

Et je ne peux m'empêcher de penser, tout en lisant, ou tout juste après, que le poète s'est jeté dans l'obscurité définitive, irrémédiable, quittant pour de bon les courbes et les aiguilles du monde, et je ne peux pas croire que cet homme ait été exactement le poète que je lis au bord du lac, *exactement*, je veux dire à chaque instant de sa vie d'homme ; ça me paraît impossible, car il faut bien que la poésie vous déserte un temps pour que pénètre le désespoir, puis qu'il s'installe et fasse de votre cœur son nid.

Le mystère des poètes suicidés est une ombre et chaque jour je marche à sa lisière.

Mais la poésie de Roland Giguère, elle, continue, infatigable, elle pose son parfait équilibre sur nos édifices instables, trouve un chemin jusqu'à nos os friables, secoue notre squelette et pond ses œufs dans nos entrailles. Ces œufs vont éclore à répétition, cent fois, mille fois, éternellement, libérant des oiseaux, des mouches, des poissons, des serpents, faisant de nous des corps gonflés de vie, des couveuses, des matrices.

Il faut que le fleuve se poursuive, à perte de vue, à perte de vue même pour les aveugles[1].

Puissent ces poèmes choisis se poursuivre infiniment, chantés par Thomas Hellman, murmurés par sa voix chaude, qui en révèle toute la musique, comme des secrets trop bien gardés.

En écoutant « Le silence murmure », « Les heures lentes », « Pour tout effacer j'avance » et d'autres encore, on croirait volontiers que le poète s'est fait parolier pour le chanteur. La ligne du temps s'est-elle contractée, recroquevillée, rembobinée, pour que morts et vivants se rencontrent,

défiant le cours des choses et les amours impossibles ? Comment expliquer autrement l'harmonie vibrante qui unit l'univers de Hellman à celui de Giguère ?

Il ne suffit pas d'aimer une œuvre pour rendre compte de sa force. Il faut encore, pour en faire surgir et éclater toute la beauté, provoquer la communion entre la forme et le fond, entre soi et l'autre, entre hier et maintenant.

Thomas Hellman y parvient d'une manière peu commune,
et ainsi
se poursuit
le long fleuve intranquille d'un poète immense.

[1] « Yeux fixes », Roland Giguère, 1950.

***

ÉVELYNE DE LA CHENELIÈRE

UNE COMMUNAUTÉ
DE LA PAROLE

C'était au mois de janvier dernier. J'avais reçu une invitation à participer au Studio littéraire de la Place-des-Arts. « Je te donne carte blanche », m'avait dit la directrice, Michelle Corbeil. J'avais décidé de faire un concert littéraire, de mettre en musique des auteurs que j'aime, dont l'écriture a une dimension rythmique et mélodique certaine. J'avais retenu Patrice Desbiens, Eduardo Galeano, Allen Ginsberg, John Giorno, Samuel Archibald, Nietzsche. Je pensais aussi à Beckett, à Lautréamont...

Une semaine avant la représentation, je suis allé dîner chez mon ami Eric, là-bas, de l'autre côté du chemin de fer, dans sa maison aux murs tapissés de livres et de souvenirs de ses nombreuses vies. Pendant l'apéro, il m'a mis un livre dans les mains : *L'âge de la parole*, de Roland Giguère. « C'est très intéressant, très musical, il faut lire ça », m'a-t-il dit.

Ce soir-là, je me suis assis à mon bureau avec une enregistreuse, une guitare et l'exemplaire de *L'âge de la parole* qu'il m'avait offert. J'ai ouvert le livre au hasard et lu quelques lignes à voix haute. Mes doigts se sont mis à voyager d'accord en accord. Une mélodie apparaissait, ma lecture devenait un chant. C'était sans effort, léger : un état de calme euphorique qui a duré près d'une heure, le temps de chanter une quinzaine de poèmes. J'avais déjà la matière première de ce projet.

La musique qui m'est venue avait des intonations de blues et de folk. Je revisitais les accords mineurs et dissonants des troubadours de l'Amérique. Me venaient aussi des sonorités européennes, des mélodies au piano rappelant Mompou ou Satie. Toutes des musiques à la fois ancrées dans le passé et intemporelles, comme les textes de Roland Giguère.

J'écris ces mots à mon bureau, dans mon petit studio au-dessus du Cabaret du Lion d'or. C'est une ancienne chambre dans un hôtel abandonné, reconverti en ateliers d'artistes. Nous avons enregistré une grande partie des chansons ici. Les murs sont nus, les couloirs sont vides, l'espace a un écho naturel, un son chaud et caverneux, porté par les planchers de bois, résonnant dans les pièces vides, avec les souvenirs de tous les gens qui sont passés par ici. Par la fenêtre, je vois le pont Jacques-Cartier. Beaucoup des hommes qui ont travaillé à la construction du pont logeaient ici, dans cet hôtel. Ils allaient faire la fête en bas, au Cabaret, qui était à la fois salle de spectacle et bordel, puis ils montaient s'écrouler dans ces chambres avec vue sur leur œuvre d'acier. C'était à la fin des années 1920. Giguère n'était qu'un enfant. Mon ami Eric aussi, de l'autre côté de l'océan.

En regardant *L'âge de la parole* couché sur mon bureau de bois, je ne peux m'empêcher de penser à tous les chemins mystérieux que le livre a empruntés pour arriver à moi. J'ai une première édition de 1965. La couverture est usée. Sur la première page, il y a le nom d'un inconnu écrit au stylo : Germain Dumas. Dans les marges, des traces de doigts et des notes ; j'y ai ajouté les miennes. Ces traces témoignent de la présence de tous ceux qui ont eu le livre entre leurs mains. Entre Germain Dumas et Eric, il y en a sûrement eu beaucoup : communauté de lecteurs, amis invisibles et inconnus, dispersés dans l'espace et le temps, unis par les mots du poète.

Un livre rassemble autour de lui toute une communauté, ouvre des voies inattendues, provoque des rencontres. Il fait naître d'autres histoires autour de la sienne, génère de nouveaux mots, de nouveaux livres, des musiques et des chansons.

Dans le superbe *Livre des étreintes* d'Eduardo Galeano, Juan Gelman se demande :

Qui sont mes contemporains ? [...]

Juan raconte qu'il croise parfois des hommes qui sentent la peur, à Buenos Aires, à Paris ou ailleurs, et qu'il a la certitude que ces hommes-là ne sont pas ses contemporains. Par contre, il y a un Chinois qui a écrit, il y a trois mille ans de cela, un poème sur un berger qui est très loin de la femme aimée, mais qui dans la nuit, perdu dans la neige, entend le bruit du peigne qui passe dans ses cheveux ; et en lisant ce très vieux poème, Juan constate que ces gens-là, oui, ce poète, ce berger et cette femme, sont ses contemporains.

Je n'ai pas connu Roland Giguère. Mais, au cours des mois où j'ai vécu si près de ses poèmes, à travers toutes les généreuses collaborations, les mots, la musique, au-delà du temps qui passe et même de la mort, j'ai découvert une communauté de la parole.

Et pour cela je te remercie, Roland Giguère, mon contemporain.

***

THOMAS HELLMAN

01
La main passe

Jonathan Cayer / piano
Sage Reynolds / contrebasse
Thomas Hellman / guitare

Le vol hésitant des oiseaux
autour d'une statue de sel brisée
trajectoire obscure des moments passés
qui battent de l'aile

derniers éclats de souvenirs pénibles

sur quelques images froissées déchirées
il faudra bientôt dessiner d'autres images
aux reflets plus humains

le vol hésitant des oiseaux
autour d'une statue de sel brisée
trajectoire obscure des moments passés
qui battent de l'aile.

LES OISEAUX NE PARLENT PAS

LES UNS CHANTENT
LES AUTRES DÉVORENT

il se trouve que les dévorés sont toujours ceux qui chant

les ~~oiseaux~~ dévorants ont pour noms

L'AIGLE
LE FAUCON
LE VAUTOUR
LE CONDOR DES ANDES ET D'AILLEURS

(L'HOMME N'A ♦ NI BEC NI GRIFFES)
il PARLE ÉCRIT MARCHE ET FAIT LA GUERRE)

02
Pour tout effacer j'avance

Sage Reynolds / contrebasse
Thomas Hellman / piano

Tout l'or des matins s'évapore
arrive la saison des vents d'ombre
où la nuit interminable hurle à la fenêtre

je vois les champs renversés
les champs inutiles où l'eau potable se gâte
des yeux qui ont soif me dévorent

et pour ne pas mourir dans l'ombre j'avance
une lueur d'espoir
sur le plus affreux carnage

j'avance sur parole
les plus belles transparences
j'avance la dernière palme
et un bras nu se lève

comme une aurore promise.

Thomas Hellman et Sage Reynolds
Cabaret du Lion d'or
Festival international de la littérature
2012

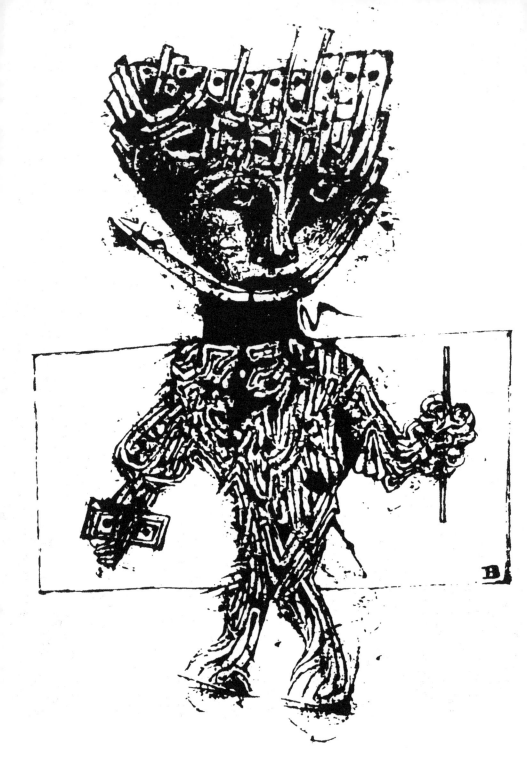

roi de bâtons

R Giguère '74

Entre parenthèses *(détail)*
sérigraphie
Roland Giguère
1982

Souvenir d'enfance
sérigraphie
Roland Giguère
1981

03
Les démunis

SAGE REYNOLDS / contrebasse, chœurs,
arrangements des chœurs
STEFAN SCHNEIDER / batterie, percussions
THOMAS HELLMAN / banjo, harmonica

Venir de loin
de plus loin encore que la vague anonyme
de plus loin encore que l'étoile filante d'août
venir d'où l'on ne se souvient plus

venir les mains vides
poitrine trouée
sans raison
et repartir sans plus de raison
les mains vides
poitrine trouée

de plus loin encore que la vague anonyme
de plus loin encore que l'étoile filante d'août
venir d'où l'on ne se souvient plus
venir les mains vides
poitrine trouée
poitrine trouée

de plus loin encore que la vague anonyme
de plus loin encore que l'étoile filante d'août
venir d'où l'on ne se souvient plus
venir les mains vides
poitrine trouée
poitrine trouée
venir de loin
venir de loin…

04

Pour tant de jours

Olaf Gundel / piano
Sage Reynolds / contrebasse
Thomas Hellman / guitare

Pourtant…
pour tant d'aiguilles brisées
pas une goutte de sang
tant de soirs
et tant de nuits
et tant d'ennui
sans qu'un seul cheveux ne vienne rougir la vitre

tant de rideaux déchirés
tant de radeaux coulés
pour un seul survivant
à peine vivant
et tant d'ardeur et tant de cris
pour une oreille qui n'écoute plus
tant de vie pour un mort
tant de mots pour un mur
tant de vagues qui n'ont rien lavé

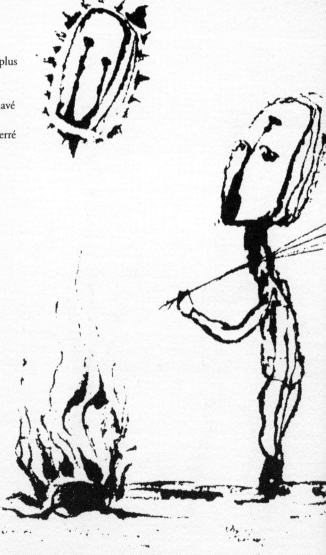

tant de mains qui n'ont rien serré
tant de vie perdue
tant de veines éclatés
tant de coups reçus
tant de regards lancés
tant de lames brisées
tant de larmes
tant de pas
tant de paroles

tant de cœur
pour un si petit jour
tant de temps
et pourtant
nous n'avons pas changé

pourtant…

pour tant d'aiguilles brisées
pas une goutte de sang
tant de soirs et tant de nuits
et tant d'ennui
tant de temps
et pourtant
nous n'avons pas changé.

0:24

Le ballon craint le feu. — R.G.

L'avaleur de flammes est aveuglé,
s'y prend mal, s'y perd, s'y brûle.

05
Le grand jour

JONATHAN CAYER / orgue
SAGE REYNOLDS / contrebasse
STEFAN SCHNEIDER / batterie, percussions
THOMAS HELLMAN / banjo

Plus tard le ciel déchiré de cris
plus tard les enfants nus
plus tard les bruits légers des belles rencontres

plus tard les poignets cernés par l'amour
plus tard la pitié des affamés
plus tard le livre comme un oiseau blanc
plus tard le culte des innocents
beaucoup plus tard
beaucoup plus tard

au moment de la grande clarté
au moment de la grande éclipse
les éclats de lune répandus sur le soleil
et les traits de plume sur les murs froissés
beaucoup plus tard

traits rouges rapides cruels
et plume d'hirondelle
immobile au sommet des taudis
pour entretenir le bleu des toiles
pour supporter le toit absent
longues absences d'autrefois
d'aujourd'hui et de toujours
beaucoup plus tard…

le ciel déchiré de cris
déchiré comme une aile,
beaucoup plus tard…

au moment de la grande clarté
au moment de la grande éclipse
les éclats de lune répandus sur le soleil
et les traits de plume sur les murs froissés
beaucoup plus tard…

plus tard le ciel déchiré de cris
plus tard les enfants nus
plus tard les bruits légers des belles rencontres

plus tard les poignets cernés par l'amour
plus tard la pitié des affamés
plus tard le livre comme un oiseau blanc
plus tard le culte des innocents
beaucoup plus tard
beaucoup plus tard

au moment de la grande clarté
au moment de la grande éclipse
les éclats de lune répandus sur le soleil
et les traits de plume sur les murs froissés
beaucoup plus tard…
et les traits de plume sur les murs froissés
beaucoup plus tard…
plus tard…

Cité Internationale des Arts

18, rue de l'Hôtel de Ville - 75180 Paris cedex 04

Nom : ...KELLMAN...... Prénom : ...Thomas........

Séjour du : 16...09..10.......... au : 21..08..2010........

Signature

CITÉ INTERNATIONALE DES A...

18, rue de l'Hôtel de Ville
PARIS - IVe

Carte n° ...8526..........

CITE INTERNATIONALE DES ARTS
18, rue de l'Hôtel de Ville
PARIS - IVe

06
Les heures lentes

Jonathan Cayer / piano
Sage Reynolds / contrebasse
Stefan Schneider / batterie, percussions
Thomas Hellman / banjo

On tourne pesamment la tête vers un nouvel horizon
et toute une vie s'appuie sur notre front
la rougeur de l'attente fait place
à la douce blancheur des pierres précieuses
dans nos mains calmes

les paroles de haine meurent au bord des lèvres
et voici le silence qui couvre les bruits du lit
silence des eaux silence des yeux silence des ans
silence des uns silence des autres

long et lent cheminement entre les haies d'aubépine
les heures se passent à séparer les fleurs des épines
fleurs d'hier épines d'aujourd'hui
épines d'aujourd'hui fleurs de demain

les heures coulent dans les lignes profondes de la main
sans s'arrêter sans rien noyer sans heurt
les heures coulent et la main doucement se resserre
sur la gorge d'un long ruisseau

mince filet de voix qu'il ne faut pas briser
gorge chaude
mince filet de vie qu'il ne faut pas broyer
à tout prix
au prix de ne plus jamais dormir la nuit
au prix même de la vie.

KUHTZ GENERAL STORE
– SINCE 1926 –

General Store
North Lake (Wisconsin)
Près de la maison
de la famille Hellman

07
Mémoire d'ombre

Benoit Morier / tambourine
Sage Reynolds / contrebasse
Thomas Hellman / banjo, harmonica

Ombre et mémoire illusoire
l'amer des jours sans feu
en pays déserté
en forêt muette
en présence inoubliable d'aigles repus
ombre et mémoire des demeures
hautes en plaisir
capitales en amour
aux portes mêmes de la douleur

ombre et mémoire d'avant l'ombre
quand l'aube se multipliait avec nous
sur la pente d'un avenir transparent
quand la tour la carène l'émeraude
et la mouette étaient de verre
ombre et mémoire du désir d'une voix sans mots

au cœur de la furie
de l'écho des mers
dans les palais
du sang précieux des pierres
libre de toute alliance
d'or rose et libre

ombre et mémoire idéale
pour les rêves d'Aline nue
au lit de cristal
ombre et mémoire d'ailleurs
au lieu-dit de l'Étang-Noir où naguère
ton visage embrasait
les chemins de sombres fougères

ombre et mémoire polaire
en ces jours de givre sur nos lèvres
pour sceller un silence parfait
sans secret
sans regret

ombre et mémoire illusoire
l'amer des jours sans feu
en pays déserté
en forêt muette
sans secret
sans regret…

0:32

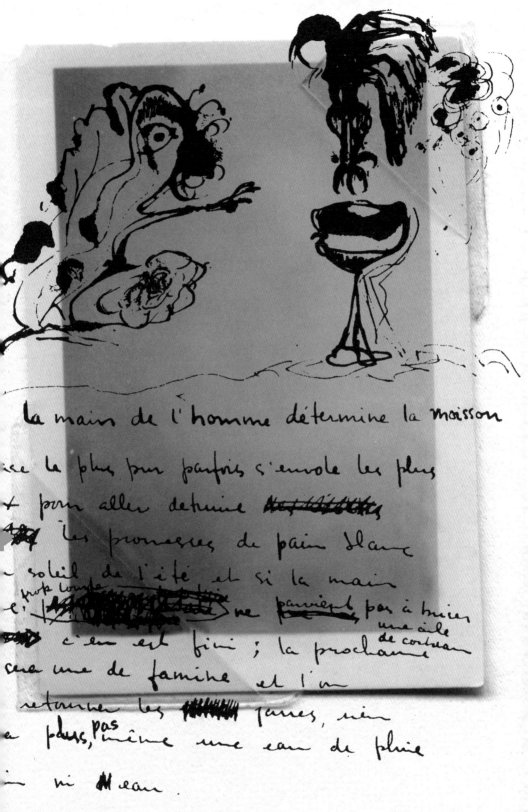

la main de l'homme détermine la moisson

ce la plus pur parfois s'envole les plus

+ pour aller détruire ~~xxxxxxxx~~

~~xxx~~ les promesses de pain blanc

au soleil de l'été et si la main

~~trop lourde~~ ~~xxxxxxxxxxxxx~~ ne ~~parvient~~ pas à briser
une aile
~~xxx~~ c'en est fini ; la prochaine de couteau

sera une de famine et l'on

retourner les ~~xxxxx~~ James, rien
pas
a ~~plus,~~ même une eau de pluie

ni l'eau.

sommeil . sera de sable .

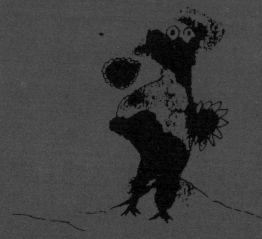

AU NORD

À L'EST

AU SUD

À L'OUES

08

Sur notre île
(avec Évelyne de la Chenelière)

Thomas Hellman / piano

Au centre d'un terrible désordre, une petite aiguille d'acier,
en équilibre sur sa pointe, rétablit l'horizon et un premier reflet
appelle déjà le calme. Les sirènes émergent venant semer
sur la grève leurs étincelantes écailles. Si la nuit est douce,
la rive, dès l'aube, sera recouverte d'un bouclier à mille facettes,
chacune d'elles indiquant le nom et l'emplacement d'une île
inconnue. Les explorateurs qui, par hasard, viendront à passer
par ici, apercevant ces indications inespérées, poursuivront
infailliblement leur route à la conquête de ces îles. Tout danger
de massacre ainsi écarté, nous conservons notre calme dans
un désordre qui nous est de plus en plus familier.

DE MOI - MÊME

LE VENT RONGE   RONGE MES ÊTRES   LES DÉSAGRÈGE

MÊME DE PIERRE MES ÊTRES   SE TROUENT

    LE VENT HURLE

AUX QUATRE COINS DE MA   CHAIR

    MES ÊTRES EN POINTS CARDINAUX

        SE DÉTÉRIORENT

            ET JE NE PUIS RIEN POUR EL

Olaf Gundel, Thomas Hellman et Sage Reynolds
Cabaret du Lion d'or
Festival international de la littérature
2012

09
Un monde mou

Jonathan Cayer / piano
Sage Reynolds / contrebasse
Stefan Schneider / batterie, percussions
Thomas Hellman / banjo
Olaf Gundel, Thomas Hellman, Benoit Morier,
Sage Reynolds, Geneviève Toupin / chœurs

Des hommes grands gros gras saignants
des femmes minces fines douces et fluettes
un peu fées mais aussi très flammes
des hommes grenouilles
des femmes flasques
des enfants désossés
des pyramides de farine

du sang perdu
de la peau morte
des hommes vagues et lisses sans écume
des femmes algues en eau stagnante
et sous cet agglutinement d'êtres
un homme réduit à sa plus simple expression
un homme essentiel
meurt lentement

la poitrine ouverte
et la bouche cousue…

Solstice de la poésie québécoise
Parc Lafontaine
Juillet 1976

10
Comment dire

BENOIT MORIER / guitarrón
THOMAS HELLMAN / guitare, ukulele

Comment dire
comme le désert est facile
au cœur des gazelles

comme le silence fuit
dans le bruissement des ailes

comme tout s'étale et s'appuie
sur la fenêtre aujourd'hui

comme passe le temps
le sablier à midi

comme on coule comme on vit
comment dire
qu'on s'écroule

comment faire comment dire
que je vous aime dans cette foule muette

comment partir au pied de la lettre
sans maculer la marge

comment lire votre page
si mes yeux sont fermés

comment vivre ainsi ?

LE RETOUR INOPINÉ
SUR LA PLAGE BLANCHE
D'UN PETIT CHEVAL DE MER
ET DE QUATRE
OEUFS
D'ALBATROS

Célébration du prix Guillaume-Apollinaire remis à Gaston Miron
Juin 1981   0:42

QUE PRÉVOIT-ELLE ?

QUE VOIENT SES YEUX SI TRISTES ?

LA PERTE D'UN COLLIER

LA TOMBÉE DU SOIR

OU SERAIT-CE LA MORT

DES COLOMBES

QU'ELLE A DE SON PROPRE

LAIT

ALLAITÉES ?

- - -

27-7-52

Cabaret du Lion d'or
Festival international de la littérature
2012

l'orage se lève. RG.

11
Sans histoire

Jonathan Cayer / orgue
Benoit Morier / tambourine
Sage Reynolds / contrebasse, arrangements des chœurs
Thomas Hellman / guitare
Olaf Gundel, Sage Reynolds, Geneviève Toupin / chœurs

Quand passe le fer au fil du temps
quand le vent coupe la toile de lin
quand le chien hurle à l'inconnu
ce qui est à venir est à l'avenant

la rose frémit dans les ronces
la main glisse sur la feuille
et s'égare en ses nervures
qui ne sont que lignes perdues

la mémoire des mots se perd
au plus profond du verre
et se retrouve au poids du plomb
quand la main reprend la barre

rien de ce que vous dites n'est oublié
si votre parole s'effeuille et tombe
en terre ferme qui recueille
et allume les moindres brindilles

le pied du lit fléchit et rêve
d'un drap sans nuage
pendant que la mère écume la maison
en attendant la neige.

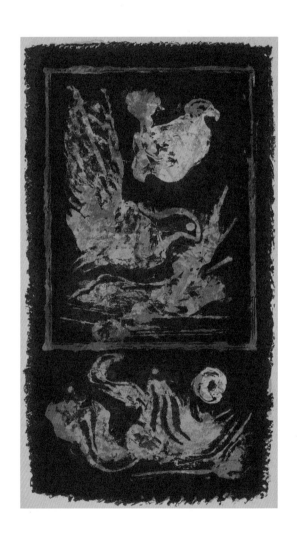

La volière
sérigraphie
Roland Giguère
1982

visages sans gravité

Un temps viendra où les coups répétés contre nos frêles coques auront raison de nous.

C'est alors qu'il faudra retourner vers les îles mortes de soleil, franchir le grand écueil lucide de la violence, accéder à la plage par un dernier sursaut.

Chaque pas se voudra consenti à l'horreur de n'être plus que la vague symétrie du rythme menant au mont de solitude. Devant nous, la plaine en haleine se ramifiera dans l'orbe du vent. Ne te retourne pas. Tu chercherais en vain un message dans la flamme des racines dressées en éternels suppliants.

Boire aux frontières est le propre des hommes de vigie. Eux seuls te diront ce qu'il faut de patience et d'humilité pour qu'enfin mûrisse ton royaume.

Jonathan Cayer / piano
Thomas Hellman / guitare

Lente mémoire des moments lourds
le front contre la paroi obstinée
la plaine verte plein la tête

le dîner la soirée la nuit sans une parole
et le désert envahissant

au loin la foule vociférante engloutie

seul devant l'avalanche
seul
mais peuplé comme une ville surpeuplée…

13
Le silence murmure

Sage Reynolds / contrebasse
Thomas Hellman / guitare

Le silence murmure
un mot remue au fond du verre brisé
un remous d'eau claire
un mot d'amour un mot ramage

la soie des soirs nous attend
au long des jours d'ennui
la soie des soirs au coin des yeux
comme une eau promise

et le matin fine aiguille pour percer
le ballon des rêves si léger
si léger
qui nous portait si haut et si loin
hors de tout hors de nous-mêmes

hors de terre surtout
plein ciel où l'amour est en nage
plcin ciel où l'amour est en nage

le silence murmure
un mot remue au fond du verre brisé
un remous d'eau claire
un mot d'amour un mot ramage…

LES AMANTS MENACÉS

R LE ROI TÉNÈBRE   RG. 17-6-5:

Métamorphose

Près de la ferme de la famille Campagne
Willow Bunch (Saskatchewan)

À...

Michelle Corbeil, du Festival international de la littérature,
pour l'invitation, le soutien et l'amitié ;
Marthe Gonneville, pour les conversations, les œuvres
et l'inspiration ;
Gaëtan Dostie pour l'aide précieuse et l'enthousiasme ;
Évelyne de la Chenelière, pour le très beau texte
et sa participation à «Sur notre île» ;
Annie Goulet, Martin Balthazar, Stéphane Berthomet, Myriam Comtois
et toute l'équipe de l'Hexagone, d'avoir cru au projet
et de l'avoir si bien mené ;
François Richer, Catherine Granger
et toute l'équipe des Productions de l'Onde ;
le Conseil des arts et des lettres du Québec pour l'aide précieuse,
arrivée juste à temps ;
Pierre Crépô et Davy Hay Gallant pour les photos ;
Bruno Robitaille ; Eric et Marina Schwimmer...

à Louise «T-bone» Marois, qui a fait un si beau livre ;

à tous les musiciens ;

à Roland Giguère,

merci !

la nuit hurle

Un coup de cymbale
un bruit de couteau dans l'aire
une lame d'eau
une lame double de rasoir
sectionnant les lignes de la main
une à une la ligne de main
~~la~~ la ligne de vie
un bris de vitre
une seule et profonde soirée de miel
un bruit de ~~sottes~~ veines
qui s'ouvrent qui geignent et qui saignent

un long cri d'amour

la pointe tournée vers l'intérieur de la nuit

et le silence qui se fait jour

la pointe tournée vers celui qui ne se lèvera plus
le front couvert d'étoiles ~~maudites~~
encore chaudes

14-15 mars 195

Évelyne de la Chenelière au Studio Adieu Place Dupuis   *0:60*

J'irai vous chercher le soleil.

Réalisation / Thomas Hellman
Textes / Roland Giguère, adaptation par Thomas Hellman
Musique / Thomas Hellman
Enregistrement / Studio Adieu Place Dupuis et Hôtel Papineau, Montréal
Prise de son / Benoit Morier et Olaf Gundel
Mixage / Benoit Morier, Studio Adieu Place Dupuis
Matriçage / Richard G. Benoit – The Crippler Inc.
Gérance / Bruno Robitaille, bruno@nuland.ca

thomashellman.com

Crédits photos
Pierre Crépó : p. 18-19, 36-37, 46 / Éditions de l'Hexagone : p. 44 /
Davy Hay Gallant, Dogger Pond Music inc. : p. 45, 57 / Thomas Hellman :
p. 8, 56, 60 / Médiathèque littéraire Gaëtan Dostie : p. 6, 10-11, 38-39,
42-43, 54-55 / Bruno Robitaille : p. 58.

Toutes les illustrations en noir et blanc et poèmes manuscrits sont
de Roland Giguère et sont tirés de *Forêt vierge folle* (Éditions Typo).

Les textes des chansons ont été adaptés de poèmes de Roland Giguère
parus dans *Temps et lieux* (Éditions de l'Hexagone) et *L'âge de la parole*
(Éditions Typo).

Éditions de l'Hexagone
Groupe Ville-Marie Littérature inc.
Une société de Québecor Média
1010, rue de La Gauchetière Est
Montréal (Québec) H2L 2N5
Tél. / 514 523-1182
Téléc. / 514 282-7530
Courriel / vml@groupevml.com
editionshexagone.com

Vice-président à l'édition / Martin Balthazar
Éditeur / Stéphane Berthomet
Direction littéraire / Annie Goulet
Design graphique / Studio T-bone

Distributeur /
LES MESSAGERIES ADP*
2315, rue de la Province
Longueuil (Québec) J4G 1G4
Tél. / 450 640-1234
Téléc. / 450 674-6237
* Filiale du Groupe Sogides inc.,
filiale de Québecor Média inc.

Catalogage avant publication
Bibliothèque et Archives nationales du Québec et Bibliothèque
et Archives Canada
       Giguère, Roland, 1929-2003
       Thomas Hellman chante Roland Giguère [ensemble multi-supports]
       ISBN 978-2-89648-031-9
1. Giguère, Roland, 1929-2003. I. Hellman, Thomas, 1975-   . II. Titre.
PS8513.I358A17 2012   C841'.54   C2012-942246-0
PS9513.I358A17 2012

Dans quelques instants

Les Éditions de l'Hexagone remercient
Marthe Gonneville et Gaëtan Dostie
pour leur participation à cet ouvrage.

Marquis imprimeur inc.

Québec, Canada
2012

Cet ouvrage composé en Garamond corps 9 a été achevé d'imprimer au Québec
le treize novembre deux mille douze
pour le compte des Éditions de l'Hexagone.